Abbé Pierre
mit Frédéric Lenoir

Mein Gott, warum?

Fragen eines streitbaren Gottesmannes

Aus dem Französischen
von Bettina Lemke

Deutscher Taschenbuch Verlag

FSC
Mix
Produktgruppe aus vorbildlich
bewirtschafteten Wäldern und
anderen kontrollierten Herkünften
Zert.-Nr. GFA-COC-1298
www.fsc.org
© 1996 Forest Stewardship Council

Der Inhalt dieses Buches wurde auf einem nach den
Richtlinien des Forest Stewardship Council zertifizierten
Papier der Papierfabrik Munkedal gedruckt.

Deutsche Erstausgabe
August 2007
Deutscher Taschenbuch Verlag GmbH & Co. KG,
München
www.dtv.de
© der französischen Originalausgabe:
2005 Plon
Titel der französischen Originalausgabe:
Mon Dieu ... pourquoi?
deutschsprachige Ausgabe:
© 2007 Deutscher Taschenbuch Verlag GmbH & Co. KG,
München
Das Werk ist urheberrechtlich geschützt. Sämtliche,
auch auszugsweise Verwertungen bleiben vorbehalten.
Umschlagkonzept: Balk & Brumshagen
Umschlaggestaltung: Stephanie Weischer unter Verwendung
eines Fotos von Corbis Sygma/Micheline Pelletier
Satz: Greiner & Reichel, Köln
Druck und Bindung: Kösel, Krugzell
Gedruckt auf säurefreiem, chlorfrei gebleichtem Papier
Printed in Germany · ISBN 978-3-423-24617-0

Inhalt

Vorwort
11

Einführung
Warum gibt es so viel Leid?
17

1 Warum leben wir?
19

2 Liebe und Glück
21

3 Angesichts des Leids
Buddha und Jesus
25

4 Das Verlangen
29

5 Sexuelles Verlangen und Keuschheit
31

6 Zölibat und Heirat von Priestern
35

7 Der Tod von Johannes Paul II. ...
39

8 ... und die Wahl von Benedikt XVI.
43

9 Heirat und Elternschaft von homosexuellen Paaren
47

10 Sollten Frauen als Priesterinnen
ordiniert werden?
51

11 Maria Magdalena
57

12 Hatte Jesus eine fleischliche Beziehung
mit Maria Magdalena?
61

13 Maria: die Mutter Jesu oder
eine neue Abgöttin?
65

14 Wie können wir die Erbsünde
angesichts der modernen Wissenschaft
besser verstehen?
69

15 Das Genie Teilhard de Chardin
75

16 Jesus, der Retter der Menschheit
79

17 Abwesenheit und Präsenz
von Jesus
85

18 Die Eucharistie, das Herz der
christlichen Gemeinschaft
89

19 Plädoyer für eine Rückbesinnung
auf das Christentum
der ersten Jahrhunderte
93

20 Das Evangelium
97

21 Die Heilige Dreieinigkeit
99

22 Freiheit und Überfreiheit
101

23 Die Sünde
105

24 Gibt es die Hölle?
109

25 Die historische
und die unsichtbare Offenbarung
111

26 Religiöser Fanatismus
113

Epilog: Brief an Gott
117

Vorwort

Am 5. August 2005 pustete Abbé Pierre 93 Geburtstagskerzen aus. Bereits als junger Kapuzinermönch hatte er Gott im Alter von nur 17 Jahren um die Gnade gebeten, jung sterben zu dürfen, da er ihn endlich sehen wollte. Eine innere Stimme antwortete ihm darauf: »Du bleibst hier!« Gott alleine weiß, ob dies eine Strafe für seine Ungeduld war oder ob ihm die Möglichkeit gegeben werden sollte, ein großer Anwalt des Mitgefühls zu werden. Vor einiger Zeit wählten ihn die Zuschauer des französischen Fernsehsenders France Télévision zu einem der drei bedeutendsten Franzosen der Geschichte (nach General de Gaulle und Marie Curie). Wenn der Begrün-

der von Emmaus bereits damals Eingang in unser kollektives Gedächtnis gefunden hatte, dann liegt es vor allem daran, dass er sich »aufrührerisch« gegenüber Gott verhielt. Obwohl er sehr gläubig war, weigerte er sich, Elend und Leid zu akzeptieren, und setzte sein Leben dafür ein, die Welt ein bisschen menschlicher zu machen. Aber er wurde auch deshalb zu einer der wichtigsten Personen Frankreichs gewählt, weil er ein freier Mensch war. In zahlreichen öffentlichen Stellungnahmen sorgte er immer wieder für Verwirrung, er provozierte und hinterfragte. Dabei verschonte er kein Dogma, keine Institution. Sein klarer Verstand war stets wachsam und angesichts unwürdiger Zustände empörte er sich. Dieser kritische Geist scheute sich ebenso wenig, den Papst zu kritisieren wie den Staatspräsidenten oder gerade angesagte Denker, daher wurde Abbé Pierre stets von der Öffentlichkeit gehört.

Ich bin Abbé Pierre zum ersten Mal vor 15 Jahren anlässlich eines Buchprojekts über das zunehmende Interesse an ethischen Fragen begegnet. Zu dieser Zeit lebte er seit einigen Jahren zurückgezogen in einem Kloster in Saint-Wandrille. Doch er konnte nicht lange dort bleiben. Zu häufig brauchten ihn seine Gefährten bei Emmaus, zu oft beanspruchten ihn die Medien. Daher lebte er von da an in einem kleinen Apartment in einem Vorort von Paris, ganz in der Nähe des Sitzes der Bruderschaft von Emmaus. Seit dieser ersten Begegnung entwickelte sich bei unseren regelmäßigen Treffen zwischen uns ein tiefes intellektuelles Verständnis. Wenngleich wir zwei verschiedenen Generationen angehörten und einen sehr unterschiedlichen Hintergrund hatten, sprachen wir sehr gerne über philosophische und religiöse Themen. Dabei hatten wir nur ein Ziel: die Wahrheit zu ergründen und unsere Sichtweisen einander gegenüberzustellen. Da ich eine Doktorarbeit über den Buddhismus geschrieben habe, stellte Abbé Pierre mir häufig Fragen über diese Weisheit, die ihn begeisterte, zumal er mehrere freundschaftliche und inspirierende Begegnungen mit dem Dalai Lama gehabt hatte. Manchmal waren wir uns auch völlig uneinig, beispielsweise als es um den Fall Garaudy[*] ging. Aber diese Differenzen haben unsere Freundschaft nie beeinträchtigt.

[*] Abbé Pierre hatte 1996 Roger Garaudy verteidigt, der in einem Buch den Holocaust angezweifelt hatte; später entschuldigte Abbé Pierre sich öffentlich »bei meinen jüdischen Brüdern, die ich, ohne es zu wollen, verletzt habe«. (Anm. d. Übers.)

Hin und wieder hatten unsere Gespräche einen professionelleren Charakter. Zweimal half ich Abbé Pierre dabei, Bücher zu schreiben: seine Memoiren (*Mémoire d'un croyant*) sowie eine Abhandlung über die Brüderlichkeit (*Fraternité*). 2004 bat mich der Begründer von Emmaus mit größerem Nachdruck, ihn zu besuchen. Er wollte sich über theologische Fragen mit mir austauschen, die ihn besonders beschäftigten. Damals hatte er gerade erfahren, dass Papst Johannes Paul II. in einer offiziellen Botschaft die Richtigkeit der Evolutionstheorie anerkannt hatte. Diese kleine Revolution förderte in ihm den Wunsch, seine Reflexionen über die Erbsünde, das Böse und den Sinn des menschlichen Abenteuers erneut zu vertiefen. Ich merkte, dass Abbé Pierre trotz seines schlechten Gesundheitszustands und einer manchmal plötzlich auftretenden großen Müdigkeit geistig in Höchstform war. Viele essenzielle Fragen ließen ihm an seinem Lebensabend keine Ruhe. Ich drängte ihn dazu, die Ergebnisse unserer Diskussionen festzuhalten. Am Ende unserer Unterhaltungen, die während eines Jahres fast wöchentlich stattfanden, entstand schließlich ein richtiges kleines Buch. Ich habe meine eigenen Fragen und Ansichten herausgenommen, da ich ausschließlich die Gedanken Abbé Pierres wiedergeben wollte.

Aufgrund dieser Entstehungsgeschichte handelt es sich bei diesem Werk nicht um eine Abhandlung. Es ist vielmehr eine Sammlung kurzer Meditationen über den christlichen Glauben und das menschliche Leben. Es spricht sowohl grundlegende christliche Glaubenslehren an als auch hochaktuelle Themen wie beispielsweise Fragen zur Sexualität und Heirat von Priestern, zur Rolle der Frau innerhalb der Kirche, zur Homosexualität und zur Wahl von Papst Benedikt XVI.

Diese tief empfundenen Reflexionen geben im Wesentlichen die letzten spirituellen und theologischen Gedanken des Begründers von Emmaus wieder. Gedanken, die mindestens ebenso stark von Fragen wie von Überzeugungen geprägt sind.

Frédéric Lenoir

Am 22. Januar 2007 starb Abbé Pierre im Pariser Militärkrankenhaus Val-de-Grâce an einer Lungenentzündung.

Einführung
Warum gibt es so viel Leid?

Ich bin nicht frei von all dem Leid, das die Menschheit seit Anbeginn plagt, und ich werde es auch nie sein. Vor Kurzem habe ich erfahren, dass bisher circa 106 Milliarden Menschen auf der Erde gelebt haben. Wie viele von ihnen hatten eine leidvolle Existenz, haben sich geplagt und gequält ... und warum? Ja, mein Gott, warum?

Mein Gott, wie lange wird diese Tragödie noch dauern? In den Lehrbüchern aller Religionen heißt es, das Leben habe einen Sinn. Aber wie viele Männer und Frauen unter all diesen Milliarden konnten diesen Sinn erkennen? Wie viele konnten ein Bewusstsein für ein spirituelles Leben voller Hoffnung entwickeln? Und wie viele andere haben im Gegensatz dazu fast wie Tiere gelebt, in Angst, in einem ständigen Überlebenskampf, in Unsicherheit und qualvoller Krankheit? Wie viele hatten die Möglichkeit, über den Sinn des Lebens nachzudenken?

Ich bin 93 Jahre alt, und mein Glaube, der mich seit mehr als 80 Jahren in diesem Körper festhält, wird immer stärker geprüft. Mein Gott, warum? Warum gibt es die Welt? Warum das Leben? Warum die menschliche Existenz?

I

Warum leben wir?

Ich werde häufig gefragt: Was ist der Zweck unseres Lebens?

Trotz der ganzen Absurdität spüre ich eine innere Gewissheit, die mich im Körper festhält, seitdem ich als junger Kapuzinermönch Gott im Gebet begegnet bin. Obwohl ich zittere und mein Verstand sich entrüstet, antworte ich aus einer tiefen Überzeugung des Herzens und des Glaubens heraus: »Unsere Aufgabe besteht darin, lieben zu lernen.«

Zu lieben bedeutet, dass ich glücklich bin, wenn du, der andere, glücklich bist. Und wenn du, der andere, traurig bist und leidest, so leide auch ich. Es ist tatsächlich so einfach. Daher sage ich:»Wir bekommen im Leben die Zeit und die Freiheit geschenkt, um lieben zu lernen, und zwar aus der inneren Gewissheit heraus, dass wir gegen das Schlechte kämpfen müssen.«

Der Sinn der Schöpfung besteht darin, dass die Liebe der Liebe antwortet. Wenn es diesen Höhepunkt nicht gäbe, an dem zwei Wesen ihre Freiheit nutzen, um sich plötzlich hinzugeben und einander zu lieben, wäre die gesamte Schöpfung absurd.

2

Liebe und Glück

Ich bin mir im Laufe der Zeit darüber bewusst geworden, dass es wichtig ist, das Glück und die Liebe differenziert zu betrachten.

Auch wenn die Freude, die mit der Liebe einhergeht, sich mit keiner anderen vergleichen lässt und das größte Glück erzeugt, ist sie zerbrechlich und verhindert nicht, dass man leidet. Lieben bedeutet daher nicht, ohne Leid zu sein. So sagte auch die Jungfrau Maria zu Bernadette von Lourdes: »Ich verspreche dir, dass ich dich in diesem Leben lehren werde zu lieben, aber du wirst nicht unbedingt die ganze Zeit glücklich sein.«

Natürlich suchen alle Menschen nach dem Glück. Aber ein wahrhaft frommes Leben zu führen bedeutet nicht, um jeden Preis nach dem Glück zu streben. Es bedeutet vielmehr, dass man versucht zu lieben, egal, wie hoch der Preis ist, den man dafür bezahlen muss.

Dabei bin ich mir eines Gedankens sehr bewusst, der sich daraus ableitet. Zwar weicht man ihm gerne aus, doch sind ihm viele sehr fromme Christen verfallen: dem Prinzip des Dolorismus. Im Gegensatz zu all dem, was uns stets gelehrt wurde, hat der Wert einer Handlung nichts damit zu tun, wie schwierig sie ist. Der Wert oder der Lohn bemisst sich allein an der Liebe, mit der eine Handlung ausgeführt wird, nicht aber daran, wie viel sie einem Menschen abverlangt (was der Dolorismus postuliert).

Der Dolorismus ist verabscheuungswürdig und eine Karikatur des christlichen Lebens. Diesem Prinzip zufolge besteht das Leben daraus, das Leiden zu suchen beziehungsweise unter dem Vorwand, dass Jesus gelitten hat, daran Gefallen zu finden. Nein! Man muss das Leben einfach so akzeptieren, wie es sich darbietet. Und wenn man ein Leid nicht vermeiden kann, ist es besser, es voller Liebe anzunehmen, als sich dagegen aufzulehnen oder davor zu flüchten, indem man sich abschottet.

3

Angesichts des Leids
Buddha und Jesus

Leider stimme ich mit der grundlegenden Feststellung Buddhas überein: Alles ist Leiden. Grundsätzlich ist das menschliche Leben Leiden: Wir leiden körperlich, seelisch und in moralischer Hinsicht. Wir leiden, weil wir bestimmte Dinge nicht besitzen, oder wir leiden, weil wir sie verlieren oder dies befürchten. Ja, das Leid ist unser aller Los.

Allerdings ziehe ich als Christ nicht die gleichen Schlussfolgerungen aus dieser Erkenntnis wie der Buddha. Seiner Meinung nach und allem zufolge, was ich sowohl aus Büchern als auch durch meine Gespräche mit meinem Freund, dem Dalai Lama, erfahren habe, müssen wir alles tun, um nicht länger zu leiden. Folglich besteht unsere Aufgabe darin, ein asketisches und ethisches Leben anzustreben, um die grundlegende Ursache allen Leidens zu unterdrücken: das Verlangen.

Für die Anhänger von Jesus bietet sich ein gänzlich anderer Weg. Es geht nicht darum, das Leiden aus seinem eigenen Leben zu eliminieren, indem man jegliches Verlangen ausmerzt, sondern angesichts des Leids mit Anteilnahme und Hilfsbereitschaft zu reagieren. Wenn man angesichts des eigenen Leids oder des Leids anderer eine Gemeinschaft mit anderen Menschen eingeht, erscheint das Licht.

Wie oft habe ich diese ergreifende Erfahrung in der Nähe eines schwer kranken, verzweifelten Menschen gemacht. Allein die Tatsache, in einer wahren Gemeinschaft mit ihm zu sein, bringt ein Licht, das dieses Leid sublimiert. Wir können das Leiden daher als Sprungbrett für das Mitgefühl erleben. Es wird stets ein Übel bleiben und sollte nie angestrebt oder verherrlicht werden. Aber dieses Übel kann zur größten Menschlichkeit führen.

Ich habe vor Kurzem erfahren, dass der renommierte Psychologe Boris Cyrulnik diesen Zusammenhang anhand der psychologischen Entwicklung des Individuums aufzeigt. Bestimmte Störungen und tiefe Verletzungen aus der Kindheit können zu persönlichem Wachstum führen, so dass man hier von einer »Kraft, die im Unglück liegt« sprechen kann, wie auch der Titel eines der Bücher Cyrulniks lautet.

Das entspricht ganz meiner Überzeugung: Jedes überwundene Leid ist eine Chance für persönliches Wachstum und eine Weiterentwicklung des Bewusstseins.

4

Das Verlangen

Der Buddhismus hat mich dazu veranlasst, intensiver über die Frage des Verlangens nachzudenken. In gewisser Weise reduzieren und begrenzen wir das Leben, wenn wir versuchen, das Verlangen zu unterdrücken. Im Gegensatz zum Buddha glaube ich nicht, dass das Verlangen an sich die spirituelle Entwicklung behindert. Ich denke vielmehr, dass wir unsere Wünsche und Sehnsüchte gezielt steuern sollten. Wenn wir uns von ihnen beherrschen lassen, kann dies tatsächlich sehr negative Auswirkungen haben. Aber es gehört zu einem spirituellen Wachstum, sich selbst zu beherrschen und sein Verlangen nach eigenem Ermessen auf die Dinge auszurichten, die uns wachsen lassen, die schön, gut und edel sind.

Überdies glaube ich, dass uns nichts auf der Welt vollkommen befriedigen kann, denn unser Geist, von Gott erschaffen, sucht Gott. Egal, ob uns das bewusst ist oder nicht – wir jagen allen möglichen Befriedigungen hinterher, die uns immer nur teilweise erfüllen, da uns die vollkommene Erfüllung erst in der Begegnung mit dem Ewigen zuteil werden kann. Darauf basiert die christliche Hoffnung. Natürlich können wir auf der Erde erfüllte Momente erleben: in der Gemeinschaft mit Gott oder mit anderen Menschen. Aber diese Momente weichen rasch wieder anderen Momenten, in denen die Gemeinschaft weniger stark empfunden wird oder in denen man sich unzufrieden fühlt.

5

Sexuelles Verlangen und Keuschheit

Wenn wir vom Verlangen sprechen, denken wir alle an das sexuelle Verlangen, das zu den stärksten Trieben unseres Lebens gehört. Es gedankenlos auszuleben kann zu großem Unglück führen. Aber wenn man es mit der richtigen Ausrichtung – das heißt: in einer Beziehung – und mit echter Anteilnahme auslebt, ist es grundsätzlich etwas sehr Positives.

Ich selbst habe mich bereits in jungen Jahren dafür entschieden, mein Leben Gott und anderen Menschen zu widmen, und habe daher ein Keuschheitsgelübde abgelegt. In gewisser Weise hatte ich das

Leben eines Gefangenen. Wenn man weiß, dass man etwas Begehrenswertes nie haben kann, muss man es sich aus dem Kopf schlagen. Und da mein Leben als Mönch vollkommen durch die Unterstützung der Mittellosen in Anspruch genommen wurde, war eine Liebesbeziehung nun einmal ausgeschlossen. Das Verlangen darf sich nicht verwurzeln. Ich bezeichnete diesen Zustand als freiwillige Unfreiheit.

Das minderte allerdings keineswegs die Kraft des Verlangens, und es kam vor, dass ich ihm vorübergehend nachgegeben habe. Aber ich hatte nie eine richtige Beziehung, da ich nicht zuließ, dass sich das sexuelle Verlangen in mir verwurzelte. Dies hätte zu einer dauerhaften Beziehung mit einer Frau geführt, was jedoch nicht mit meiner Lebensentscheidung vereinbar gewesen wäre. Daher habe ich die sexuelle Erfahrung und eine sehr seltene Befriedigung kennengelernt. Aber diese Befriedigung war eine echte Quelle der Unzufriedenheit, da ich spürte, dass ich nicht wahrhaftig war.

Ich merkte, dass das sexuelle Verlangen innerhalb einer zärtlichen, vertrauensvollen Liebesbeziehung ausgelebt werden muss, um vollkommen befriedigend zu sein. Eine solche Beziehung war mir aufgrund meiner Lebensentscheidung nun einmal versagt. Folglich machte ich die Frauen unglücklich und fühlte mich selbst zwischen zwei unvereinbaren Lebensentscheidungen hin- und hergerissen.

6

Zölibat und Heirat von Priestern

Die Unbefangenheit kann nur in der Wahrheit existieren. Viel zu häufig kommt es zur Heuchelei, die man strikt ablehnen sollte. Jeder Mensch kann der fleischlichen Versuchung erliegen, da es sich um eine extrem starke Kraft im Leben handelt. Aber wenn Priester oder Mönche keine klare Entscheidung treffen und ein Doppelleben führen, hat es andere Konsequenzen. In manchen Fällen kann dies dazu führen, dass die beteiligten Frauen jahrzehntelang leiden.

Gleichzeitig sollte man sich vor jeglicher Aburteilung oder Verallgemeinerung hüten. Ich kenne Priester, die seit Jahren eine Frau lieben und mit ihr in wilder Ehe leben, was diese akzeptieren. Sie sind nach wie vor gute Priester. Damit stellt sich für die Kirche die entscheidende Frage nach der Heirat von Priestern und der Ordination von verheirateten Männern.

Ich persönlich hätte niemals tun können, was ich getan habe, wenn ich verheiratet gewesen wäre oder mich auf eine dauerhafte Liebesbeziehung eingelassen hätte. Meine Berufung erforderte eine ständige Verfügbarkeit. Aber ich bin davon überzeugt, dass es in der Kirche sowohl verheiratete Priester geben sollte als auch solche, die zölibatär leben. Letztere können sich voll und ganz dem Gebet und anderen Menschen widmen.

Jesus hat verheiratete Jünger ausgewählt – wie zum Beispiel Petrus – sowie ledige, die zweifelsfrei auch alleine geblieben sind – wie etwa Johannes. Die Kirche hat diese unterschiedlichen Formen der Berufung jahrhundertelang zugelassen, bevor sie den Priestern den Zölibat auferlegte – was bei den Bischöfen bereits der Fall war.

Heute werden verheiratete Männer nicht nur in der russisch-orthodoxen Kirche ordiniert, sondern auch in der katholischen Kirche bei den Maroniten oder den Kopten. Dort können die Männer selbst entscheiden, ob sie heiraten oder zölibatär leben möchten. Da die katholische Kirche diesen orientalischen Gemeinschaften seit Jahrhunderten erlaubt, verheiratete Priester zu ordinieren, kann ich nicht verstehen, warum Johannes Paul II. stets bekräftigte, dass es außer Frage stehe, den Zölibat der Priester in der restlichen katholischen Kirche aufzuheben. Das ergibt keinen Sinn. Zweifellos würde eine solche Entscheidung nicht nur das Problem des Priestermangels entschärfen. Ich bin zudem davon überzeugt, dass sich ebenso viele Priester wie bisher für den Zölibat entscheiden würden.

7
Der Tod von Johannes Paul II. ...

Wenngleich ich zuweilen anderer Meinung war als er, hat der Todeskampf des Papstes mich ebenso berührt wie viele andere Menschen. Ich habe keinen Anstoß daran genommen, dass sein Leiden gezeigt wurde und Johannes Paul II. sich weigerte, sein Amt niederzulegen. Im Gegenteil: Ich finde, dass er angesichts seines Leids großen Mut bewiesen hat. Es bewegte mich zu sehen, wie sehr er sich bemühte, seinen Segen zu erteilen, obwohl er nicht sprechen konnte. Im Gegensatz dazu, was manche Menschen gesagt oder gedacht haben, weiß man, dass er bis zum Schluss bei überaus klarem Verstand war.

Anders als zahlreiche Katholiken und sogar Nichtkatholiken würde ich nicht sagen, dass sein Tod mich betrübt hätte. Da ich stets an ein neues Leben in Gott nach dem Tod geglaubt habe, war ich auch beim Tod naher Verwandter nie wirklich traurig. Das war auch beim Ableben meiner Eltern und von Frau Coutaz nicht anders, die 38 Jahre lang meine Assistentin war, ohne dass es je irgendeine Unstimmigkeit zwischen uns gegeben hätte.

Als Kind drängte sich mir angesichts eines Todesfalls einmal ein sonderbares Bild auf: Ich sah das Innere unseres großen Wohnzimmerschranks, in dem ordentlich zusammengelegt die Bettwäsche einsortiert war. Alles ist geordnet. Der Tod gehört zur Ordnung der Dinge dazu.

Abgesehen von den schrecklichen Fällen, wo das Hinscheiden mit großen Schmerzen einhergeht – was mich entsetzt, ist das Leid und nicht der Tod –, empfinde ich angesichts des Todes stets eine große innere Ruhe.

Diese innere Ruhe habe ich auch beim Ableben Johannes Paul II. gespürt. Er war ein großer Papst, der ein ungeheures Werk vollbracht hat. Auch wenn ich nicht all seine Ansichten geteilt habe – wie beispielsweise die Ablehnung des Gebrauchs von Kondomen, was angesichts der Realität in Afrika besonders bedenklich ist –, hegte ich eine aufrichtige Bewunderung für seine Menschlichkeit, seinen Glauben und seine völlige Aufopferung für die Kirche.

8

... *und die Wahl von Benedikt XVI.*

Nach dem Tod Johannes Paul II. interessierte man sich natürlich für seinen Nachfolger, und die Beobachter hatten nur eine Sorge: dass die Wahl auf Kardinal Ratzinger, den furchterregenden Präfekten der Kongregation für die Glaubenslehre, fallen würde, des ehemaligen »Heiligen Offiziums«.

Ich glaube, ich gehörte zu den Ersten, die sich vom gesunden Menschenverstand leiten ließen und zu folgender Einsicht kamen: Überall in der Gesellschaft kann man beobachten, dass Menschen, denen eine größere Verantwortung übertragen wurde, nicht mehr die Gleichen sind. Manche werden zwar tyrannischer, aber die meisten verändern sich positiv. Sie werden lockerer und nachgiebiger. Wenn sie den Gipfel erreicht haben, werden sie toleranter, großzügiger und offener. Ich glaube, so wird es auch bei Kardinal Ratzinger sein, der nun Benedikt XVI. geworden ist. Seit ich am Abend seiner Ernennung seinen Blick gesehen habe, wirkt er auf mich glücklich und heiter. Seine ersten Worte als Papst brachten die Bereitschaft zum Dialog und zur Öffnung gegenüber anderen christlichen Konfessionen (evangelischen Christen, Anglikanern und Orthodoxen) zum Ausdruck. Nun müssen wir seine Taten abwarten, aber der Ton hat sich bereits verändert.

Ich war keineswegs überrascht über seine Wahl, obwohl sein Alter (78 Jahre) nicht für ihn sprach. Erinnern wir uns nur einmal daran, dass sich bloß sehr wenige Kardinäle kannten. Kardinal Ratzinger hingegen war allen gut bekannt. Darüber hinaus wollten die Kardinäle in erster Linie auf Nummer sicher gehen. Sie wollten sich auf keine Experimente oder Abenteuer einlassen. Durch die Wahl Joseph Ratzingers sorgten sie für eine Kontinuität im Sinne des Pontifikats Johannes Paul II. und gleichzeitig wussten sie – in Anbetracht seines Alters –, dass er nicht allzu lange im Amt sein würde. Auf diese Weise können sich die Kardinäle besser kennenlernen und in Ruhe über den besten Kandidaten für das nächste Pontifikat nachdenken. Erst dann wird sich tatsächlich zeigen, welche grundlegende Richtung die Kardinäle einschlagen werden.

Es würde mich nicht wundern, wenn Benedikt XVI. im Laufe seiner Amtszeit zwei liberale Maßnahmen träfe: So könnte er geschiedenen Menschen, die erneut geheiratet haben, erlauben, am Abendmahl teilzunehmen, sowie Priester aus den Reihen der »Ältesten« ordinieren, die ihre Kinder bereits großgezogen haben, die berühmten »Presbyter«, von denen der heilige Paulus spricht. Bei der Frage des Zugangs von Frauen zum Priesteramt sowie bezüglich seiner ablehnenden Haltung gegenüber der Homosexualität wird Benedikt XVI. seine Position dagegen sicherlich nicht ändern.

9

Heirat und Elternschaft von homosexuellen Paaren

In unserer Gesellschaft wird seit mehreren Jahren heftig über das Thema der Heirat von Homosexuellen sowie die Adoption von Kindern durch homosexuelle Paare debattiert. Dies sind wichtige Fragen, und man muss sich Zeit dafür nehmen, bevor man Gesetze verabschiedet.

Ich verstehe den aufrichtigen Wunsch vieler homosexueller Paare, dass ihre Liebe, die sie häufig im Verborgenen leben mussten, offiziell von der Gesellschaft anerkannt wird. Bis zu seinem Tod war Pater Péretti mein Sekretär. Er machte keinen Hehl aus seiner Homosexualität und war einer der Begründer einer christlichen Vereinigung zur Anerkennung der Homosexualität: David und Jonathan. Vor Kurzem habe ich die Mitglieder dieser Vereinigung kennengelernt. Ich sagte ihnen, dass der Begriff »Heirat« im kollektiven Bewusstsein zu tief im Sinne einer Verbindung von Mann und Frau verwurzelt ist, als dass man das gleiche Wort von einem Tag auf den anderen für ein gleichgeschlechtliches Paar verwenden könnte. Es würde viele Menschen persönlich verletzen. Wie wäre es, wenn man das Wort »Allianz« verwendete? Dieser Begriff ist ebenso schön und im gesellschaftlichen Gebrauch weniger eng besetzt.

Die Frage der Adoption eines Kindes ist sehr komplex; man kann nicht leichtfertig damit umgehen. Die Antwort hängt unter anderem – und meiner Meinung nach vielleicht sogar vorrangig – von einer psychologischen Bewertung ab. Wir sollten uns die Zeit nehmen, die Meinung der Psychologen dazu zu hören, und beobachten, welche Erfahrungen langfristig gemacht werden. So sollten wir prüfen, ob die Tatsache, keine Eltern unterschiedlichen Geschlechts zu haben, tatsächlich keine psychischen oder sozialen Nachteile für das Kind mit sich bringt. Das wäre in meinen Augen der triftigste Grund, die

Elternschaft von homosexuellen Paaren abzulehnen. Davon abgesehen wissen wir ja alle, dass das klassische Elternmodell nicht unbedingt Garant für das Glück und die Ausgeglichenheit eines Kindes ist. Wir müssen uns vergewissern, dass die Elternschaft von Homosexuellen keine unüberwindbaren Nachteile oder zu große Belastungen für das Kind zur Folge hat.

10

Sollten Frauen als Priesterinnen ordiniert werden?

Eine aktuelle gesellschaftliche Frage, die ständig wieder auftaucht, und ein weiteres wichtiges Thema für die Kirche des 21. Jahrhunderts ist die Stellung der Frau im Katholizismus. Als Präfekt der Glaubenskongregation hielt Kardinal Ratzinger die Tür gegenüber jeglicher Entwicklung bezüglich der Zulassung von Frauen zu geistlichen Ämtern verschlossen. Mit Ausnahme der Frage der Ordinierung verheirateter Männer lässt sich bezweifeln, dass Papst Benedikt XVI. seine Meinung bei diesem Thema um 180 Grad ändert. Wenngleich, wie gesagt, die Übernahme einer größeren Verantwortung einen Menschen verändern und freier machen und somit seine Perspektive erheblich erweitern kann.

Ich habe nie verstanden, warum Johannes Paul II. und Kardinal Ratzinger konstatierten, dass die Kirche niemals Frauen ordinieren werde. Eine solche Aussage setzt voraus, dass diese Praxis nicht mit den eigentlichen Inhalten des christlichen Glaubens übereinstimmen würde. Dabei haben diejenigen, die eine solche Position vertreten – egal, welch herausragendes Amt sie bekleiden –, bisher kein einziges stichhaltiges theologisches Argument gegen die Ordinierung von Frauen geliefert. Es gibt keinen Beleg dafür, dass der Zugang von Frauen zum Priesteramt im Widerspruch zu den Inhalten des christlichen Glaubens stünde.

Als Hauptargument wird angeführt, Jesus habe keine einzige Frau in die Schar seiner Jünger aufgenommen, obwohl er von vielen Frauen umgeben gewesen sei. Dies ist meines Erachtens kein theologisches Argument. Es gibt vielmehr Aufschluss über die gesellschaftlichen Verhältnisse der damaligen Zeit. In jener Epoche – ob bei den Juden, den Griechen oder den Römern – bekleideten Frauen überhaupt keine offiziellen Ämter. Man weiß, dass dies Ausdruck einer machistischen Mentalität ist, die eng mit der Dominanz des patriarchalischen Systems verknüpft ist. Im Patriarchat geht man davon aus, dass der Mann der Frau überlegen ist, dass er rationaler und allein befähigt ist, zu regieren oder zu lehren.

Man kann sich schwer vorstellen, dass Jesus – so frei er auch war – unter diesen Umständen gegen die gesellschaftlichen Gepflogenheiten verstoßen hätte, die alle Völker des Mittelmeerraums prägten. Das hätte ein zu großes Unverständnis hervorgerufen. Mittlerweile aber hat sich die Einstellung bezüglich dieser Fragen grundlegend verändert. Daher kann man nicht verstehen, warum die Kirche weiterhin an den Vorurteilen gegenüber Frauen festhält.

Wer kann heute noch ernsthaft behaupten, die Frau sei dem Mann unterlegen, oder etwa, dass sie nicht in der Lage sei, zu lehren oder zu regieren? Im Laufe der letzten Jahrzehnte haben wir eine wahre kulturelle Revolution erlebt, die zahlreichen Frauen erlaubte, mit Glück die höchsten Ämter zu übernehmen: Denken wir nur an Indira Gandhi in Indien, Margaret Thatcher in Großbritannien oder Benazir Bhutto in Pakistan. Und bezüglich der theologischen Lehre beweisen die protestantischen Organisationen bereits seit Langem, dass es exzellente Theologinnen gibt – weltliche wie solche in Kirchenämtern.

Dabei bestreite ich keineswegs, dass es ontologische Unterschiede zwischen Mann und Frau geben kann. Ich glaube sogar, dass die Frau im Allgemeinen mitfühlender, intuitiver und zärtlicher ist und der Mann über ein ausgeprägteres logisches Denkvermögen und Organisationstalent verfügt. Aber das gilt nicht generell. Ebenso, wie es sehr intuitive und mitfühlende Männer gibt, so gibt es auch sehr rationale Frauen, die ein beeindruckendes Organisationstalent haben. Warum also sollte man Frauen, die sich als Priesterinnen berufen fühlen und die Voraussetzungen dafür erfüllen, den Zugang zu diesem Amt verwehren?

Den Befürwortern des rein männlichen Priestertums bleibt noch ein letztes Argument: Jesus war ein Mann. Da der Priester in persona Christi handelt, kann er nur das gleiche Geschlecht haben wie Christus. Dieses Argument scheint mir allerdings von der gleichen Art zu sein wie das vorige. Christus ist als zweite Person der Trinität weder männlich noch weiblich. Als Inkarnation dieser göttlichen Person konnte Jesus nur ein Geschlecht haben. Wenn man erneut bedenkt, welche Geisteshaltung zu seiner Zeit vorherrschte, kann man sich nur schwer vorstellen, dass eine Frau glaubwürdig genug hätte sein können, um eine Reihe von Jüngern (einschließlich Frauen) um sich zu scharen, die große Vorurteile gegen Frauen hegten. Daher liegt es für mich auf der Hand, dass die Wahl des Geschlechts von Jesus zufällig ist und auf keiner theologischen Notwendigkeit basiert.

Die Ordination von Frauen scheint mir lediglich eine Frage der Einstellung zu sein. Es ist sehr wahrscheinlich und meines Erachtens auch wünschenswert, dass die Kirche sich in den kommenden Jahrzehnten in diesem Punkt weiterentwickeln wird.

II

Maria Magdalena

Wenn man über die Position der Frauen in der Kirche nachdenkt, fällt einem unweigerlich die besondere Stellung Maria Magdalenas im Evangelium ein. Bevor ich mit gerade mal 17 Jahren ins Noviziat eintrat, zog ich mich für drei Tage in ein Kloster in der Nähe von Grenoble zurück. Dort entdeckte ich einen unglaublich beeindruckenden, kurzen Abschnitt im Evangelium, den ich mir fest einprägte. Er handelt von der Begegnung Jesu mit Maria Magdalena nach der Kreuzigung.

In seinem Evangelium berichtet Johannes, dass Maria in Begleitung einiger anderer Frauen, zwei Tage nach der schrecklichen Kreuzigung Jesu, bei Tagesanbruch das Grab aufsucht, um den Leichnam Christi einzubalsamieren. Der Stein ist zur Seite gerollt, das Grab ist leer. Für Maria ist dies entsetzlich. Wer hat den Leichnam ihres geliebten Jesus weggebracht? Sie denkt keinen Moment an die Auferstehung. Sie sucht verzweifelt nach dem Leichnam, weil sie ihn ein letztes Mal sehen und berühren möchte. Da erscheint ein Mann im Garten, den sie in ihrer intensiven Suche nach dem Leichnam kaum beachtet. Sie hält ihn für den Gärtner. Der auferstandene Jesus sagt zu ihr: »Frau, warum weinst du? Wen suchst du?« Maria antwortet ihm: »Herr, wenn du ihn weggebracht hast, sag mir, wohin du ihn gelegt hast. Dann will ich ihn holen.«

Darauf antwortet Jesus ihr mit dem folgenden einfachen Wort: »Maria.« Als sie ihren Namen hört, erkennt Maria ihn. Ihre Ohren, ihre Augen und ihr Herz öffnen sich schließlich für das Mysterium des wiederauferstandenen Christus. Fassungslos stürzt sie auf Jesus zu und ruft: »Rabbuni«. Dieses hebräische Wort lässt sich mit »geliebter Meister« übersetzen. Die engsten Schüler sprechen ihren Meister häufig mit einem Kosenamen an und bringen damit sowohl ihren Respekt als auch ihre tiefe Zuneigung zum Ausdruck. Ich erinnere mich daran, dass Gandhi in Indien von seinen Schülern »Gandhiji« genannt wurde.

Diese beiden aufeinanderfolgenden Worte »Maria« und »Rabbuni« haben mich zutiefst bewegt, und das tun sie heute, 80 Jahre später, immer noch.

Allein diese beiden Worte beinhalten das gesamte Mysterium der Menschwerdung Gottes und der Erlösung, das gesamte Mysterium Christi. Sie offenbaren die große Liebe Gottes gegenüber der Menschheit. Gott spricht jeden von uns mit grenzenloser Liebe bei seinem Namen an: »Maria.« Und die Menschen stürzen voll tiefer Sehnsucht auf ihn zu, sobald sie die Liebe Gottes erkennen: »Rabbuni.«

Jedes Mal, wenn ich diese beiden Worte wieder lese, bin ich zutiefst gerührt. In meinem Inneren höre ich den Namen »Henri« (das ist mein Taufname), und ich spüre, dass der liebevolle Blick Jesu auf mir ruht.

In Paris gibt es am Seineufer ein Stoffgeschäft, das »Raboni« heißt. Jedes Mal, wenn ich an den großen Aushängeschildern vorbeikomme, denke ich an das Wort Marias und erschauere unwillkürlich. Ich teile die ungeheure Freude dieser Frau, die den geliebten Menschen wiedererkennt. Das treibt mir die Tränen in die Augen und in mein Herz.

12

Hatte Jesus eine fleischliche Beziehung mit Maria Magdalena?

Durch den weltweiten Erfolg des Romans *Sakrileg* wurde die These von der Ehe zwischen Jesus und Maria Magdalena wieder populär. Viele Christen nehmen offensichtlich Anstoß an dieser Theorie, andere lassen sich dadurch verunsichern. Ich muss sagen, dass eine solche Hypothese – die auf keinen konkreten Anhaltspunkten basiert, die man aber natürlich zum Ausdruck bringen darf – meinen Glauben überhaupt nicht erschüttert. Mein Glaube nährt sich durch das Gebet und das Evangelium, und ich habe keinerlei Veranlassung zu glauben, dass Jesus verheiratet war oder eine sexuelle Beziehung zu einer Frau hatte.

Allerdings sehe ich kein stichhaltiges theologisches Argument, dass es Jesus, dem fleischgewordenen Wort, verboten gewesen wäre, eine sexuelle Erfahrung zu machen. Und da er sich die menschliche Natur vollkommen zu eigen machen wollte, bin ich sogar überzeugt davon, dass er das Gefühl des sexuellen Verlangens erlebt hat, das jeder Mensch kennt. Wollte er dieses Verlangen befriedigen? Falls ja, musste er es zwangsläufig innerhalb einer Liebesbeziehung ausleben, und Maria Magdalena scheint die Frau gewesen zu sein, die ihm, mit Ausnahme seiner Mutter, am nächsten war. Aber es ist auch sehr gut möglich, dass er sein Verlangen nicht befriedigte, was ihn nicht davon abhielt, voll und ganz Mensch zu sein.

Ich stimme also nicht mit denjenigen überein, die behaupten, Jesus könne aufgrund seiner Göttlichkeit unmöglich sexuelle Beziehungen gehabt haben. Aber ebensowenig bin ich mit der These einverstanden, er habe aufgrund seines Menschseins zwangsläufig eine sexuelle Beziehung mit einer Frau gehabt. Ich halte es für möglich, dass der Mensch gewordene Gott die fleischliche Lust kennengelernt hat. Ebenso vorstellbar ist, dass er das Verlangen gespürt hat, ohne ihm nachzugeben. Und in beiden Fällen bin ich davon überzeugt, dass sich dadurch nichts Wesentliches am christlichen Glauben ändert.

13
Maria: die Mutter Jesu oder eine neue Abgöttin?

Was hat es mit der bedeutendsten weiblichen Person im Evangelium, der Mutter von Jesus, auf sich? Erstaunlicherweise entstand in jüngerer Zeit eine ganze Reihe von neuen Dogmen über Maria, die Mutter von Jesus, und es stellt sich die Frage, warum es zu dieser Entwicklung gekommen ist. Die Kirche bemüht sich natürlich, auf die volkstümliche Frömmigkeit einzugehen und die Einzigartigkeit und Unbeschreiblichkeit dieser Frau herauszustellen. Allerdings birgt dies zwei Gefahren.

In erster Linie besteht die Gefahr, dass Maria entmenschlicht wird. Im Gegensatz zu ihrem Sohn, der in seiner Person gleichzeitig Mensch und Gott verkörpert, besitzt Maria nur eine menschliche Natur. Sie ist eine Frau, die von ihrer Natur aus allen anderen Frauen der Erde ähnlich ist. Allerdings wurde sie von Gott auserwählt, das fleischgewordene Wort in ihrem Schoß zu empfangen. Das macht sie zu einer einzigartigen Frau. Aber man darf sie nicht von uns entfernen, indem man etwa die Vorstellung daraus ableitet, sie unterliege nicht den Versuchungen und Schwächen der Menschheit. Die Unbefleckte Empfängnis wurde 1854 verkündet. Demnach ist Maria nicht von der Erbsünde betroffen. Anders gesagt, hat sie durch diese Empfängnis eine einzigartige Position unter allen Menschen inne. Sie ist anders als die anderen Menschen. Sie unterscheidet sich sogar von den größten Heiligen, denn auch diese sind in ihrem Fleisch mit der Erbsünde behaftet. Ich bin wenig geneigt, die ganze Geschichte mit der Erbsünde zu glauben. Doch selbst wenn es die Erbsünde tatsächlich geben und sie sich seit Adam und Eva durch das Fleisch von Generation zu Generation übertragen sollte, wüsste ich nicht, warum Maria, die vollkommen menschlich ist, das Privileg haben sollte, ihr zu entgehen, und warum dies für das Mysterium der Menschwerdung Gottes notwendig sein sollte.

Ich denke vielmehr, dass diese Überzeugung eine Distanz zwischen Maria und uns schafft. Und gilt nicht das Gleiche auch für das 1950 verkündete Dogma von der Aufnahme Mariens in den Himmel? Diesem Dogma zufolge verweste der Leichnam Mariens nicht, sondern sie fuhr zum Himmel auf; der Leichnam wurde irgendwie verwandelt. Trägt das nicht auch dazu bei, Maria ihrer einfachen Menschlichkeit zu entheben? Indem man sie quasi zu einem unvergänglichen göttlichen Wesen macht?

Wir sollten uns vor den Gefahren eines solchen erstarkenden Marienkults hüten. Die ersten Christen haben mit all ihrer Kraft gegen das Heidentum und die Götzenanbetung gekämpft, um so wie Jesus zu zeigen, dass sie ausschließlich Gott anbeteten. Die Anbetung ist nur dann wahrhaftig, wenn sie auf das Unendliche gerichtet ist. Diese der Jungfrau oder den Heiligen zuzuschreiben kann nicht im Sinne eines Christen sein.

Ich empfinde eine ungeheuer zärtliche Liebe für Maria, die Mutter Jesu. Ich rezitiere jeden Tag ihre Worte aus dem *Magnificat*. Und ich schließe sie häufig in meine an Gott gerichteten Gebete ein. Aber ich kann nicht nachvollziehen, dass man ihr einen richtigen Kult widmet, der bei manchen Menschen mehr Raum einnimmt als die Anbetung des Schöpfers. In diesen Fällen wird daraus eine Götzenverehrung. Soll Maria etwa den Platz der Göttinnen aus der Antike einnehmen, gegen die das frühe Christentum gekämpft hat, um der ganzen Welt die Offenbarung des einen, unteilbaren Gottes nahezubringen? Er ist der Einzige, dem man zu Recht einen Kult widmet.

14

Wie können wir die Erbsünde angesichts der modernen Wissenschaft besser verstehen?

Das Thema der Unbefleckten Empfängnis führt uns zu einer grundsätzlichen Frage der christlichen Theologie, nämlich der Erbsünde. Der Katechismus lehrt uns, die Schöpfungsgeschichte als historisches Ereignis zu verstehen: Adam und Eva waren demnach die ersten Menschen, unsere Eltern. Seit ihrem Fehlverhalten ist die menschliche Natur verdorben: Alle Laster und alles Böse der Menschheit leiten sich von dieser Erbsünde ab.

Viele Theologen zögern nicht, den heiligen Augustinus zu zitieren, der sich über den Missbrauch einer wortwörtlichen Lesart der Genesis geäußert hat (*De genesi ad litteram*).* Augustinus sieht es als äußerst beschämend an, wenn ein Christ auf diese Art vor einem Ungläubigen über die Heilige Schrift spricht und dabei solche Narrheiten äußert, dass der Ungläubige ein Lachen kaum unterdrücken kann. Wenn dieser dann erfahre, dass diese Dinge aus der Heiligen Schrift stammten, wie sollte er der Heiligen Schrift vertrauen, wenn es um die Auferstehung der Toten, die Hoffnung auf das ewige Leben und das Himmelreich geht?

In Bezug auf den Ursprung des Menschen und das heikle Thema der Erbsünde ist das, was der heilige Augustinus hier beschreibt, auch heute, über tausend Jahre später, noch aktuell.

Pater Loewe, der sich intensiv der Bekehrung von Arbeitern zum Christentum widmete, schrieb in seiner Zeitung *La mission ouvrière*: »Die ersten Kapitel der Genesis, die am Anfang so vieler Katechismen stehen, waren für unsere Kinder und deren Eltern

---

* Dieser Kommentar umfasst 12 Bücher und entstand in den Jahren 401–413. Darin bezeichnet Augustinus den Christen, der einen biblischen Ausdruck wörtlich nimmt und damit sichere wissenschaftliche Erkenntnisse anfechten will, als kühn. Die Heilige Schrift wolle den Weg des Heils aufzeigen, nicht aber Naturphänomene wissenschaftlich erklären. (Anm. d. Übers.)

eine wahre Katastrophe.« In der Tat, denn wer wüsste heutzutage nicht über die Entstehung des Menschen Bescheid? Schließlich gehört dies zum Basisstoff im Grundschulunterricht. Es ist heutzutage offensichtlich, dass die Texte der Genesis die Beziehung zwischen Mensch und Gott beschreiben und nicht als Geschichtsbuch betrachtet werden sollten. Ich war beeindruckt, als ich vor einiger Zeit entdeckte, dass selbst Papst Johannes Paul II. die Berechtigung der darwinistischen Evolutionslehre feierlich anerkannt hat. In einer wenig beachteten Botschaft vertrat er am 22. Oktober 1996 eine sehr klare Position vor der Päpstlichen Akademie der Wissenschaften. Zunächst erinnerte er daran, dass Pius XII. in seiner Enzyklika aus dem Jahr 1950 die Evolutionslehre als ernst zu nehmende Hypothese dargestellt hatte. Dann sagte Johannes Paul II.:

»Heute, beinahe ein halbes Jahrhundert nach dem Erscheinen der Enzyklika, geben neue Erkenntnisse dazu Anlass, in der Evolutionstheorie mehr als eine Hypothese zu sehen. Es ist in der Tat bemerkenswert, dass diese Theorie nach einer Reihe von Entdeckungen in unterschiedlichen Wissensgebieten immer mehr von der Forschung akzeptiert wurde. Ein solches unbeabsichtigtes und nicht gesteuertes

Übereinstimmen von Forschungsergebnissen stellt schon an sich ein bedeutsames Argument zugunsten dieser Theorie dar.«

Dann weist Johannes Paul II. zu Recht darauf hin, dass die philosophischen Deutungen dieser wissenschaftlichen Ergebnisse sehr unterschiedlich sein können. Aus einer materialistischen Perspektive würde man schlussfolgern, dass der Geist aus der belebten Materie hervorgeht, als bloßes Epiphänomen, als Begleiterscheinung dieser Materie. Im Gegensatz dazu würde man aus einer spiritualistischen Perspektive heraus auf dem »ontologischen Sprung« bestehen, bei dem es zur Entstehung des menschlichen Bewusstseins und der Fähigkeit zur Abstraktion kommt, die nur dem Menschen zu eigen ist (wie etwa das Bewusstsein über seine Sterblichkeit, die Kunst oder die Religion).

Die Kirche akzeptiert also die Tatsache, dass der Mensch am Ende eines langen, stetigen biologischen Prozesses entstand, in dessen Abfolge andere Lebewesen ihm vorangingen. Nur im Hinblick auf die Einzigartigkeit des Menschen, der »nach dem Ebenbild Gottes geschaffen wurde«, bewahrt sie eine feste Position. So erinnerte das Zweite Vatikanische

Konzil daran, dass der Mensch »auf Erden die einzige von Gott um ihrer selbst willen gewollte Kreatur ist« (*Gaudium et spes*, 24). Im Gegensatz zu allen anderen Lebewesen erachtet die Kirche den Menschen als Wert an sich, er ist Person. Durch seinen Geist ist er in der Lage, dieses Geschenk zu nutzen und eine Gemeinschaft mit Gott einzugehen. Für die Kirche ist es daher entscheidend, daran festzuhalten, dass zwar der Körper des Menschen seinen Ursprung in der belebten Materie hat, die vor ihm existierte, seine Geistseele hingegen unmittelbar von Gott geschaffen wurde. Die Christen beharren deshalb auf dem ontologischen Sprung, der die Entstehung des Menschen zur Folge hatte – auch wenn es im Rahmen einer langen Evolutionsreihe dazu kam. Sie weisen auf die besonderen Eigenschaften dieser neuen Spezies hin: das Bewusstsein über das eigene Selbst, die Fähigkeit zur Reflexion, die Moralität, die persönliche Freiheit sowie die ethische oder religiöse Erfahrung. All dies sind Eigenschaften und Fähigkeiten, die nur dem Menschen zu eigen sind. Dem christlichen Glauben zufolge belegen sie die Tatsache, dass der Mensch eine von Gott geschaffene Geistseele besitzt.

Der neueste *Katechismus der katholischen Kirche* schneidet die Frage der Erbsünde an mehreren Stellen an. Aber wenn man dieses Thema genauer hinterfragt, stellt man fest, dass leider keine ausführliche Darstellung dazu enthalten ist. Das ist bedauerlich, da der Katechismus eine weite Verbreitung finden wird.

Und schließlich möchte ich einen Traum nicht verschweigen, den ich seit meiner Kindheit habe. Wie wäre es, wenn wir den unpassenden und unangebrachten Begriff der »Erbsünde« durch das Wort »Verwundung« ersetzen würden (für die wir nichts können – ein Wort also, das unsere Unschuld rettet), beziehungsweise durch den noch treffenderen Begriff »vererbte Verwundung«?

15

Das Genie Teilhard de Chardin

Angesichts der wichtigen Fragen zur Erbsünde und zur Evolution möchte ich nun einen Mann würdigen, der gleichzeitig Wissenschaftler (Paläontologe) und religiöser Mensch (Jesuit) war. Im Laufe des 20. Jahrhunderts spielte er eine entscheidende Rolle für die Aussöhnung der christlichen Sichtweise und der wissenschaftlichen Evolutionstheorie. Es handelt sich um Pierre Teilhard de Chardin.

Er war mir ein teurer Freund. Das erste Mal hörte ich im Alter von 15 Jahren von ihm, als er gerade von einem längeren Aufenthalt in China zurückkehrte. Kurz nach meiner Flucht nach Algier gab mir ein

Freund eine zusammengeheftete fotokopierte Fassung des Buches *Das göttliche Milieu*. Seitdem hat mich das Werk Teilhards nicht mehr losgelassen. Ich habe es vor Kurzem fast noch einmal komplett durchgelesen und bin stets voller Bewunderung für diese Mischung aus Wissenschaft, Glaube und Mystizismus.

Ich habe Teilhard de Chardin das letzte Mal kurz vor seinem Tod getroffen. Es war in Saint-Germain-des-Prés, gleich nach dem Krieg. Ich lebte in einer Erdgeschosswohnung zwischen den beiden Cafés *Les Deux Magots* und *Le Flore*. Jeden Donnerstagabend hielt ich eine offene Tafel. Eines Abends nahm Teilhard mit zwei großen christlichen Philosophen daran teil: dem orthodoxen Nicolai Berdjajew und dem katholischen Gabriel Marcel. Es war ein absolutes Fiasko! Einige Zeit später verstarb Teilhard am Ostersonntag in New York, so, wie er es sich gewünscht hatte.

Pierre Teilhard de Chardin begeisterte sich seit seiner Kindheit für die Materie und betrachtete sie im Gegensatz zu zahlreichen Christen nicht als Feind des Spirituellen. Er war ein großer Wissenschaftler und Spezialist für Fossilien und die Erdgeschichte. In gleichem Maße widmete er sein Leben Gott. Seine gewagten Thesen, mit denen er versuchte, Evolutionstheorie und christlichen Glauben zu versöhnen, wurden von der katholischen Kirche sehr negativ aufgenommen. Sie warf Teilhard de Chardin eine pantheistische Sichtweise vor. Dennoch wurde er stets von bedeutenden Theologen wie etwa Pater de Lubac unterstützt. Für Teilhard ist die Evolution auf ein Ziel ausgerichtet, das sie am sogenannten Omegapunkt erreicht: Christus. Seine mystische Vision ist von einer poetischen Lyrik geprägt, die viele provoziert. Mich dagegen hat sie immer angesprochen. Ich glaube, die letzten Dinge kann man nur auf eine poetische Weise zum Ausdruck bringen.

16
Jesus, der Retter der Menschheit

Wir sollten die Schöpfungsgeschichte als Mythos betrachten. Der Mythos geht über die reine Erzählung hinaus und bringt uns bestimmte Dinge auf eine subtile Weise ins Bewusstsein. Daher sollten wir die ersten Kapitel der Genesis auf eine ontologische Weise verstehen: Sie vermitteln uns etwas Grundsätzliches über den Menschen, haben aber keinerlei historischen Charakter.

Diese mythische Erzählung soll uns zeigen, dass der Mensch – und zwar alle Menschen, nicht nur die ersten – dazu neigt, sich gegen eine Abhängigkeit von einer göttlichen Autorität zu wehren. Er möchte sein eigener Herr sein.

Mithilfe einer mythischen Sprache offenbart die Bibel uns eine tiefe Realität: Es ist mehrfach zu Zerwürfnissen zwischen den Menschen und Gott gekommen. In seinem Bestreben nach Eigenständigkeit entzieht der Mensch sich dem Vater und wird dabei zu seiner eigenen Geisel. Er ist nun zwar völlig unabhängig vom Vater, wird aber gleichzeitig zu seinem eigenen Gefangenen. Er ist ein Gefangener seines eigenen Egoismus, seiner Begierden und Triebe. Indem er nicht mehr der Diener des Ewigen sein will, wird er zum Sklaven seiner selbst.

Durch die Fleischwerdung bietet Jesus den Menschen die Erlösung an, nach der sie verlangen, um sich von sich selbst zu befreien. Denn Jesus sagt, indem er von sich selbst spricht: »Der Menschensohn ist nicht gekommen, um sich dienen zu lassen, sondern um zu dienen und sein Leben hinzugeben als Lösegeld für die Vielzahl.« In manchen Bibelübersetzungen heißt es »... als Lösegeld für viele«. Hierbei handelt es sich nicht nur um eine falsche wörtliche Übertragung, sondern auch um eine theologische Verdrehung der inhaltlichen Aussage: Jesus ist nicht gekommen, um vielen Menschen, also einem bestimmten Volk Heil zu bringen, sondern der Vielzahl aller Menschen, also der gesamten Menschheit.

Ich habe mein ganzes Leben lang über den seltsamen Begriff des »Lösegelds« nachgesonnen. Wer ist der Lösegeldforderer, derjenige, der es verlangt? Es gibt zwei grundlegende theologische Interpretationen zu dieser mysteriösen Aussage von Christus, aber ich finde beide unbefriedigend.

Lange Zeit hat man behauptet, menschliche Sünder seien Gefangene des Teufels. Als ich ein Kind war, hieß es noch: Wenn du große Dummheiten machst, holt dich der Teufel und du kommst in die Hölle. Aber wie kann man nur annehmen, dass das Wort Gottes sich an den Teufel verschenkt? Wie kann man nur denken, die Liebe könnte sich dem Bösen anbieten? Das ergibt überhaupt keinen Sinn.

Einer anderen theologischen Auslegung zufolge ist Gott selbst der Lösegeldforderer. Er ist verstimmt durch die Sünde des Menschen und nur ein unendlich großes Sühneopfer könnte die begangene Sünde wiedergutmachen. Somit wäre nur Gott selbst in der Lage, durch seine Menschwerdung diese Entschädigung anzubieten. Diese Erklärung entrüstet mich ebenso sehr: Sie hat den Dolorismus hervorgebracht, da sie das Leiden Christi als Sühneopfer betrachtet. Je mehr Jesus litt, desto mehr sühnte er das Fehlverhalten des Menschen und trug so zu dessen Erlösung bei. Diese Vorstellung ist schauderhaft. Als ich längere Zeit eng mit Drogenabhängigen zusammenlebte, fiel mir eine andere Erklärung ein. Der Drogenabhängige ist gleichzeitig sein eigener Peiniger und sein Opfer. Er ist zugleich Lösegeldforderer und Geisel. Ich führte diese Beobachtung weiter und erkannte, dass dies für alle Menschen gilt. Wenn wir uns von unserer wahren göttlichen Quelle abkoppeln, werden wir zu unseren eigenen Peinigern. Wir sind Sklaven unserer zügellosen Begierden, unseres Egoismus. Indem er Mensch wurde, ist Christus zu uns gekommen, um uns von uns selbst zu befreien. Er bietet uns die Möglichkeit, uns erneut mit der göttlichen Quelle zu verbinden. Jedem Einzelnen von uns schenkt er die befreiende Erlösung. Der christliche Glaube besteht in dem Wissen, dass Jesus uns aufs Neue die Möglichkeit eröffnet, wahrlich zu lieben. Es zu wagen, die folgenden Worte auszusprechen: *Unser Vater.*

Kurz vor seinem Tod teilte ich Kardinal de Lubac meine Gedanken über die Erbsünde und den Begriff des »Lösegelds« mit. Er bestärkte mich sehr und sagte mir, dass er diese Auslegung des Wortes Christi für sehr richtig und einleuchtend halte.

Ich behaupte nicht, ein großer Theologe zu sein, aber vielleicht können diese Gedanken Gläubigen weiterhelfen, die über dieses rätselhafte Wort Jesu sowie über den größeren Zusammenhang des Heilsmysteriums nachdenken.

17

Abwesenheit und Präsenz von Jesus

Lange Zeit habe ich mich gefragt: »Warum ist Jesus nicht bei uns geblieben? Warum vollbringt er nicht weiterhin Wunder und unterweist uns?« Welch ungeheuren Erfolg würde er in unserem Medienzeitalter haben! Weitaus mehr als jeder Papst, egal wie fromm oder charismatisch er auch wäre! Aber gerade deshalb wäre das Risiko der Vergötterung, die bei Papst Johannes Paul II. bereits stark ausgeprägt war, zu groß. Wir hätten keine innere, vertraute Verbindung mehr zu Christus: Wir würden ihn rein äußerlich als Idol verehren. Wir würden ihn alle sehen und berühren wollen, uns wünschen, von ihm geheilt zu werden ... möglicherweise ohne seine Worte zu hören und darüber nachzudenken. Vielleicht würde er uns aber auch zu sehr beeindrucken, so dass wir uns vor ihm fürchten würden. Um eine vertraute, innige, liebevolle Beziehung mit Jesus einzugehen – und über ihn mit Gott –, müssen wir die Augen des Körpers schließen und die Augen unseres Herzens öffnen.

Das sind gewiss die Gründe, warum der auferstandene Christus nicht auf eine sichtbare Weise auf der Erde geblieben ist. Und warum sich Jesus uns zweitausend Jahre später nicht sichtbar und in strahlender Herrlichkeit aufdrängt. Es ist so wie an dem nebligen Ostermorgen, als er Maria Magdalena begegnet. Es ist so wie auf dem Weg nach Emmaus. Seine vertrautesten Jünger und Freunde erkennen ihn nicht, da sie zu sehr von ihrem Kummer und ihren Sorgen vereinnahmt sind. Dann spricht er in einem Moment ein Wort aus – »Maria« –, er macht eine Geste – durchbricht das Leid – und unsere Augen erkennen ihn.

Er offenbart sich uns, aber wir können ihm nur begegnen, wenn wir ihn mit unserem Herzen hören, im Inneren, im stillen Gebet. Er spricht und handelt weiterhin in jedem Christen, der versucht, seinem Weg zu folgen.

Jedes Mal, wenn ich einem Mann oder einer Frau begegne, die durch das Leben schrecklich verletzt wurden, höre ich, wie Jesus sie bei ihrem Vornamen anspricht, und ich versuche, ihnen mit meiner Stimme, meinem Blick, meinen Händen zu sagen, was Jesus mit so viel Liebe sagt: »Paul«, »Jacqueline«, »François«, »Nathalie«.

Im Christentum geht es um die Begegnung von Mensch zu Mensch, um die Fortsetzung des Evangeliums und um nichts anderes.

18

Die Eucharistie, das Herz der christlichen Gemeinschaft

Jesus hat einen außergewöhnlichen Weg gefunden, auf unsichtbare Weise unter uns zu bleiben: durch die Segnung des Brotes und des Weins, die für die Gläubigen zur Gegenwart seines Leibes und seines Blutes werden.

Die Eucharistie ist das Sakrament par excellence. Sie ist gleichzeitig das Testament Jesu und die Manifestation seiner Gegenwart unter uns. Sie spricht mich am meisten an und berührt mich am stärksten auf eine fühlbare Weise.

Die Eucharistie ist wahrhaftig das Sakrament des Glaubens. Ohne den Glauben handelt es sich um nichts weiter als ein belangloses Stück Brot. Durch den Glauben aber erhält das Abendmahl eine enorme Bedeutung. Die Christen verstehen die Eucharistie auf unterschiedliche Weise. Für die Katholiken ist Christus dabei tatsächlich auf mysteriöse Weise anwesend. Theologisch betrachtet, spricht man gemäß dem heiligen Thomas von Aquin von der »Transsubstantiation«. Dies ist ein etwas barbarischer Begriff. Er bedeutet, dass die Substanz des Brotes und des Weins durch die Worte des Priesters in Leib und Blut Jesu umgewandelt wird.

Die meisten evangelischen Christen sehen die Eucharistie dagegen als Symbol: Das geweihte Brot ist für sie nicht der tatsächliche Leib Christi, sondern ein Symbol für seine Präsenz unter uns.

Ich selbst befinde mich, wie eine gewisse Anzahl von Katholiken und evangelischen Christen, zwischen diesen beiden Positionen. Ich denke nicht an die Transsubstantiation, sondern ausschließlich an die PRÄSENZ. Ich glaube, ohne zu wissen wie und ohne dass ich es mir zu erklären versuche, dass Christus auf mysteriöse Weise in der geweihten

Hostie gegenwärtig ist. Auf welche Art ist nicht so wichtig.

Während des Abendmahls wird die Gegenwart Jesu für Gläubige manchmal spürbar. Ich habe häufig eine unglaubliche Liebe verspürt, wenn ich stundenlang vor dem heiligen Sakrament in einer Kirche gebetet habe. Viele Ordensschwestern und -brüder leben sehr stark in dieser Liebe. Ich erinnere mich an einen Besuch in der Barackensiedlung von Tu Duc in Saigon im Jahr 1975. In den Elendsquartieren lebten Familien und einige Nonnen. Eine Mutter fragte in meinem Beisein eine der Nonnen: »Wie kannst du stets lächeln, ohne Mann, ohne Kinder?« Die Nonne antwortete ihr spontan: »Weil ich weiß, dass ich von dem geliebt werde, den ich liebe.« Diese Liebe, diese Zuneigung Jesu ist für die Gläubigen während des Abendmahls besonders spürbar.

Es gehört zur grundlegenden Mission der Kirche, die eucharistische Präsenz aufrechtzuerhalten. Kleine, isolierte und versteckte christliche Gemeinschaften konnten sich dank der eucharistischen Präsenz in einigen Ländern Asiens über die Jahrhunderte hinweg halten.

19
Plädoyer für eine Rückbesinnung auf das Christentum der ersten Jahrhunderte

Im Laufe der Geschichte hat sich die Kirche häufig verhasst gemacht, da es keine klare Gewaltenteilung zwischen weltlicher und geistlicher Macht gab. Es gab Fürstbischöfe und Päpste mit königlichen Rechten, die manchmal mehr Macht hatten als die Herrscher der großen europäischen Länder. Zu dieser unklaren Gewaltenteilung kam es im vierten Jahrhundert unter der Herrschaft des römischen Kaisers Konstantin. Bis zu seiner Zeit war das Christentum bekämpft worden. Indem Konstantin den Weg bereitete, dass das Christentum dann Staatsreligion des Römischen Reiches wurde, erwies er ihm einen schlechten Dienst.

Jesus hat die notwendige Gewaltenteilung betont: »Gebt dem Kaiser, was des Kaisers ist, und Gott, was Gottes ist.« Er lehnte es ab, den Erwartungen seiner Jünger zu entsprechen und sich wie ein politischer Führer zu verhalten. Die ersten Christen hielten sich an diese Regel der Trennung von Politik und Religion, die man viel später als Laizismus bezeichnete. Erst mit Konstantin wurde die Kirche eine politische Macht, die die Gesellschaft bevormunden wollte.

Mit der Aufklärung und den Revolutionen des 18. und 19. Jahrhunderts verlor die Kirche ihre Macht und ihren weltlichen Einfluss. Das Zweite Vatikanische Konzil (1962 – 1965) nahm diese Entwicklung nicht nur zur Kenntnis, sondern begrüßte sie als Chance für die Katholiken, wieder zu den Wurzeln des Evangeliums zurückzukehren. Ich erinnere mich noch gut an die wahren Worte Pater Congars während der Eröffnung des Konzils: »Der Zweite Vatikan wird das Ende der konstantinischen Ära einleiten.«

Die Rückkehr zu den Wurzeln ist bis heute noch nicht abgeschlossen. Das Papsttum ist nach wie vor zu mächtig und verkörpert immer noch das Bild eines

Herrscherpapstes. So wird der Papst beispielsweise, wie es bei einem Kaiser der Fall war, auf Lebenszeit ernannt. Es geht nicht darum, das Papsttum zu unterdrücken, sondern wieder zu einer bescheideneren Amtsform zurückzukehren.

Die Kirche muss sich von der Bevormundung der regionalen Kirchen durch Rom sowie von ihrer zentralistischen Struktur befreien. Dies ist eine der Voraussetzungen dafür, dass die Kirche wieder ganz dem Evangelium entsprechen kann und alle Christen sich in Einigkeit miteinander versöhnen.

20

Das Evangelium

Wir müssen uns dessen bewusst sein, dass das Evangelium, in dem von den Taten, Gesten und Worten Jesu erzählt wird, nicht von neutralen Beobachtern aufgezeichnet wurde. Es handelt sich nicht um journalistische Berichte, sondern um Erzählungen, die von Gläubigen niedergeschrieben wurden. Sie erlebten die Taten und Worte Jesu, dachten darüber nach und verarbeiteten die Ereignisse innerlich, bevor sie diese schriftlich festhielten.

Daher spiegeln die Erzählungen den Glauben der ersten christlichen Gemeinschaften wider und stimmen nicht unbedingt mit der historischen Wirklichkeit überein. So erklärt es sich auch, dass manche Berichte sich gegenseitig widersprechen, wie zum Beispiel die Erzählung von der Begegnung und Berufung der ersten Jünger. Daher sollten wir diese Texte nicht allzu wörtlich nehmen.

Ich habe eine Vorliebe für das Johannesevangelium. Mit seinen ersten Worten – »Im Anfang war das Wort« – eröffnet es einen Weg, auf dem mein spirituelles Leben sich seit einem Dreivierteljahrhundert entwickelt hat: Das Mysterium des fleischgewordenen Wortes. Für die Erlösung der Menschen war nicht das Leiden Jesu wichtig, sondern einzig die Tatsache, dass das Wort zu Fleisch wurde. Der Geißelung und Tötung Jesu liegt nicht der Wille Gottes zugrunde, sie sind vielmehr die Konsequenz der göttlichen Entscheidung, Mensch zu werden. Das fleischgewordene Wort nimmt alles auf sich, was zum menschlichen Leben dazugehört.

21

Die Heilige Dreieinigkeit

Im Zentrum der christlichen Offenbarung steht das Mysterium des fleischgewordenen Wortes. Dieses basiert wiederum auf dem Mysterium des Einen Gottes in drei Personen. Mein spirituelles Leben stand unter einem Leitgedanken, der mir geholfen hat, das Mysterium des Einen Gottes in drei Personen nach und nach zu ergründen. Im Orden des heiligen Franziskus habe ich als Novize folgende Worte Gottes entdeckt, die Mose durch den brennenden Dornbusch offenbart wurden: »So sollst du ... sagen: Der ›Ich bin‹ hat mich zu euch gesandt.« Nach einigen pantheistischen Hirngespinsten, die die Person Gottes verschwinden ließen, erlebte ich eine wahre Offenbarung, als ich die Worte »ICH BIN« entdeckte. Ich fühlte mich zur Einheit mit dem ICH BIN berufen. Seitdem bete ich stets zu ihm: »Oh, da du bist, so will auch ich sein.«

Ich habe den ICH BIN sofort mit Liebe in Verbindung gebracht: Der ICH BIN ist das Liebenswerte. Es gehört zum Wesen der Liebe, dass sie sich ausbreitet: Das ist auch der Grund, warum wir Gott als »Vater« bezeichnen, so, wie Jesus es uns offenbart hat. Gott ist der Vater, da sein Wesen die Liebe ist. Und die Liebe verbreitet sich von selbst.

Das Mysterium der Dreieinigkeit war für mich daher stets etwas Selbstverständliches: Der Vater schenkt sich dem Wort – das heißt, dem ewigen Wort –, das sagt »ICH BIN«, und das Wort schenkt sich dem Vater. Der Geist geht aus dem Vater und dem Wort hervor, die in Liebe vereint sind. Das Mysterium des Einen Gottes und der drei göttlichen Personen verwirrt mich nicht, da ich den Grund dafür mit dem Herzen und nicht mit dem Verstand begreife. Wenn Gott Liebe ist, muss er schöpferisch sein, und diese Schöpfungskraft muss zwangsläufig bereits im Mysterium seines Wesens zum Ausdruck kommen.

22

Freiheit und Überfreiheit

Nach dem Judentum gehört das Christentum meines Wissens zu den Religionen, die den größten Wert auf die Freiheit des Menschen legen. Diese Freiheit kommt an erster Stelle gegenüber dem eigenen Schöpfer zum Ausdruck: Der Mensch ist stets frei zu glauben oder nicht zu glauben, die Gebote Gottes zu befolgen oder sie nicht zu befolgen. Diese Freiheit des Geistes ist essenziell. Sie ist die Voraussetzung für die Liebe. Denn wenn Gott uns dazu zwingen würde, ihn zu lieben, welchen Wert hätte diese Liebe dann noch?

Allerdings gibt es zwei unterschiedliche Arten, jemanden dazu zu bringen, dass er liebt: zum einen auf eine gewaltsame Art, wenn man ihn mit Zuneigung erdrückt, ihn manipuliert und damit vollkommen von sich abhängig macht. Dazu kommt es leider häufig in menschlichen Beziehungen, etwa zwischen Eltern und Kindern oder zwischen Partnern. Aber es gibt auch einen respektvolleren Weg: Wir können dem anderen auf eine so positive Weise begegnen, dass er gar nicht anders kann, als uns zu lieben. Wenn Gott sich uns vollkommen offenbarte, wenn wir ihn ganz im Licht wahrnehmen könnten, hätten wir gar keine andere Möglichkeit, als ihn zu lieben. Daher wollte er uns erschaffen, ohne sich uns zu zeigen. Wir sehen Gott nicht. Wir können ihn nur indirekt wahrnehmen. Das Wichtige daran: Aufgrund dieses verborgenen Aspekts benötigen wir den Glauben. Die ganze Größe des Menschen besteht darin, Gott durch den Glauben lieben zu können, ohne ihn zu berühren, ohne ihn zu sehen und ohne ihn unmittelbar zu erkennen. Daher ist der Mensch vollkommen frei.

Diese klassische theologische Reflexion über die menschliche Freiheit brachte mich dazu, mich zu fragen, wie es eigentlich um die Freiheit der göttlichen Personen der Dreieinigkeit bestellt ist. Es ist beispielsweise undenkbar, dass Uneinigkeit zwischen dem Wort und dem Vater herrscht. Nun ist das Wort aber natürlich frei und es befindet sich ganz im Licht des Vaters. Wenn ich im Himmel ankomme, wird eine der ersten Fragen, die ich Gott stellen werde, lauten:»Wie schafft ihr, die drei göttlichen Personen, es, euch nie zu streiten?«

Das Mysterium der Dreieinigkeit zeigt uns, dass es eine Freiheit geben kann, die ich als Überfreiheit bezeichnen würde. Es ist eine wahrhaftige Freiheit, aber sie macht es uns unmöglich, uns zu streiten, oder unterschiedliche Ansichten zu haben. So kann ich mich also nicht zurückhalten, folgende Frage zu stellen: Wenn eine solche »Überfreiheit« in Gott existiert – der sie dem Menschen ja nicht geschenkt und diesen nicht in strahlendem Licht erschaffen hat ... was uns all das milliardenfache absurde Leid erspart hätte –, warum belässt er den Menschen dann nur in diesem Halbdunkel?

23

Die Sünde

Die Kirche muss sich erneut mit der zentralen theologischen Frage der Sünde befassen. Man darf die Sünde nicht verleugnen. Denn damit würde sich der Mensch seiner Freiheit entäußern und die Verbindung zu seinem tiefsten Inneren verlieren. Darüber hinaus würde so eine wahrhaftige Beziehung zu anderen Menschen und zu Gott unmöglich werden. Allerdings hat man sich zu sehr auf die Sünde als Tat konzentriert. Bei der Beichte sagt man normalerweise: »Ich habe folgende Sünde begangen«, und bezieht sich dabei auf eine bestimmte Handlung. Aber viel wichtiger als die Tat ist in meinen Augen der »Habitus«, das heißt, die Wiederholung der Tat.

Die einzelne Tat für sich alleine genommen – etwa ein Verbrechen aus Leidenschaft oder ein Ehebruch an einem Abend – hat nicht den gleichen Charakter wie die Wiederholung einer Tat, die einem selbst oder anderen schadet. In diesem Fall hat man eine Grenze überschritten und gewöhnt sich daran. Diese Situation ist viel gravierender und geht viel stärker auf Kosten unserer Freiheit und unserer persönlichen Verantwortung. Ein Mensch, der eines Tages einem pädophilen Impuls nachgibt und ein Kind streichelt, dies aber zutiefst bereut und die Tat nicht wiederholt, lässt sich – auch wenn es sich um eine noch schwerwiegende Tat handelt – nicht mit einem Menschen vergleichen, der einen solchen Übergriff begeht, ihn dann wiederholt und seine Tat mit allen möglichen Ausflüchten zu banalisieren versucht, um sie auf diese Weise vor seinen Augen erträglich zu machen. Das, was man in der Theologie als »Habitus« bezeichnet – die »Gewöhnung« an die Sünde –, wiegt unendlich viel schwerer als die Tat an sich.

Es ist wichtig, sich daran zu erinnern, um zum einen diejenigen von Schuld zu entlasten, die aufgrund einer plötzlichen emotionalen Verletzung, einer falschen Einschätzung oder im Affekt einen Übergriff begangen haben, sich dann aber auf ihre Freiheit stützen und alles daransetzen, die Tat nicht erneut zu begehen. Zum anderen zeigt es denjenigen, die sich mit der Wiederholung einer schändlichen Tat »arrangieren«, dass ihre Einstellung überaus bedenklich ist und ihre moralische Verantwortung betrifft. Streng genommen könnte man hier von einem »Laster« sprechen. Ebenso, wie eine Tugend durch die Wiederholung einer guten Tat entsteht (ein Mensch ist tugendhaft, wenn er viele positive Taten begeht), wird das Laster durch die Wiederholung einer schlechten Tat geboren. Die wahre Sünde ist das Laster, das heißt, ein dauerhaft destruktives Verhalten – uns selbst oder anderen gegenüber.

Das bedeutet aber nicht, dass Gott den Sündern – und seien sie noch so lasterhaft – nicht vergibt. Denn nur er allein kann jemanden durch und durch prüfen und wissen, bis zu welchem Punkt die Freiheit des Menschen eingeschränkt ist oder verspielt wurde. Manche Menschen haben tatsächlich einen zu schwachen Willen und können es nicht verhindern, schlechte Taten zu begehen, die sie gerne vermeiden würden. Andere dagegen wiederholen unbewusst ein Übel, das sie selbst als Kind erleiden mussten. Daher hat Jesus lange vor Freud gesagt: »Richtet nicht.« Trotzdem müssen wir mit all unserer Kraft dagegen angehen, von Neuem Taten zu begehen, die das Gute und Edle in uns zerstören und uns von anderen Menschen und damit von der Liebe trennen.

24
Gibt es die Hölle?

Im Gegensatz dazu, was viele Christen glauben, hat kein Konzil jemals die Existenz der Hölle bestätigt. Die christliche Predigt hat sich häufig die Angst vor der Hölle zunutze gemacht, um neue Seelen zu bekehren. Ich halte dies übrigens für eine sehr schlechte Methode. Aber es gibt keine Bestätigung für die Existenz der Hölle oder – was auf das Gleiche hinausläuft – dafür, dass auch nur ein einziger Verdammter sich darin befände.

Je mehr ich über das Mysterium der Liebe Gottes nachsinne, desto mehr bin ich davon überzeugt, dass eine Person – sei es ein Engel oder ein Mensch –

Gott unmöglich von sich aus zurückweisen kann, sobald er ihn einmal vollends erblickt hat. Theoretisch kann nur jemand, der sich selbst vergöttert, die Liebe Gottes zurückweisen, um von niemandem abhängig zu sein. So könnte die Hölle aussehen. Aber in der Praxis kann ich mir nicht vorstellen, dass ein Wesen, das vollkommen im Besitz seiner Freiheit und geistig völlig klar ist, sich angesichts des Guten und des Schlechten für das Schlechte entscheiden würde. Lediglich eine bestimmte Konditionierung, beispielsweise überaus negative Erfahrungen in der Vergangenheit, können meiner Meinung nach das schlimmste Verhalten erklären. Ist man einmal von dieser Fessel befreit, hat sich die Freiheit einmal entfaltet und ist der Geist klar, wird die Anziehungskraft des Guten stärker sein als alles andere. Wie könnte die Vergötterung des eigenen Ichs angesichts der Herrlichkeit des Lichts und der Liebe dominieren?

25

Die historische und die unsichtbare Offenbarung

Der Spruch »Außerhalb der Kirche gibt es kein Heil«, der während meiner Kindheit noch oft zu hören war, hat mich stets zutiefst schockiert. Wie soll es möglich sein, dass der liebende Gott sich nur einem ganz kleinen Teil der Menschheit, nämlich den Getauften, offenbart und nur diese rettet? Das ist so absurd!

Für einen Christen gibt es daher zwei Offenbarungen. Zum einen die sichtbare, offenkundige Offenbarung der Bibel und Jesu Christi. Und zum anderen eine unsichtbare, mysteriösere Offenbarung, die nicht niedergeschrieben wurde und für die es keinen

Propheten gibt. Die aber das Herz aller Menschen berührt und sie dazu inspiriert, ihren Nächsten mit Taten der Liebe zu begegnen, das Gute lieber als das Schlechte zu wählen sowie anderen zu dienen, anstatt sich selbst zu vergöttern. Diese unsichtbare Offenbarung – des Heiligen Geistes? – hat die anderen Religionen und das Herz von religionslosen Menschen inspiriert. Aufgrund dieser Offenbarung proklamieren alle Denkrichtungen, egal, ob sie religiös geprägt sind oder nicht, »Du wirst lieben« und räumen dem Mitgefühl den höchsten Rang unter den Tugenden ein.

Die historische Offenbarung erlegt den Christen eine Verantwortung auf, aber es handelt sich dabei lediglich um einen Aspekt einer geheimnisvollen, unsichtbaren Offenbarung, die alle Menschen betrifft. Ich bin überzeugt, dass jeder Mensch vom Heiligen Geist erleuchtet ist. Seit es Menschen auf der Erde gibt, konnte der Geist jedes Einzelnen sich erwecken lassen, um mit der Aussage »Du wirst lieben« im Einklang zu sein.

26

Religiöser Fanatismus

Wer hätte gegen Ende des letzten Jahrhunderts je gedacht oder vorhergesehen, dass unsere heutige Welt eine Gewalt erlebt, die einflussreiche Strömungen in jeder religiösen Gemeinschaft der Menschheit erfasst? Jede Bombe – egal, von wem sie stammt –, die unter dem Ausruf »Gott will es so« hochgeht und Menschen tötet, all das Blut, das im Namen des Glaubens vergossen wird, entrüstet uns und macht uns fassungslos.

Die terroristischen Akte sind furchtbar und treffen uns zutiefst, aber wie sollen wir darauf hoffen, dass es nicht zum Schlimmsten kommen wird, wenn wir die Realität nicht eingehend betrachten?

Vor Kurzem habe ich erneut eine Enzyklopädie über 20 Jahrhunderte Christentum gelesen und musste entsetzt feststellen, was die Kreuzzüge tatsächlich angerichtet haben. Unter dem Vorwand, die heiligen Stätten zu befreien und den Pilgern zu ermöglichen, sich in Sicherheit dorthin zu begeben, fand eine ungeheure Gewaltherrschaft mit Plünderungen und schrecklichen Massakern statt. Dies betraf nicht nur die arabisch-muslimische, sondern auch die griechisch-orthodoxe Bevölkerung und hatte unter anderem die schreckliche Plünderung von Byzanz zur Folge. Diese Phase dauerte circa zwei Jahrhunderte an, und noch immer ist sie tief in die Erinnerung der Muslime und der Orthodoxen eingegraben.

Die Haltung der Kreuzfahrer, Blut zu vergießen, um die Orte in Besitz zu nehmen, an denen Jesus sich zu Lebzeiten aufgehalten hat, ist ungeheuerlich. Aber unter diesem Vorwand die Zivilbevölkerung zu töten, um so das eigentliche Ziel zu erreichen, nämlich die Herrschaft über diese Völker zu gewinnen und sich zu bereichern, ist noch ungeheuerlicher.

Deshalb habe ich angesichts des »Kreuzzugs« – das ist der Begriff, den George W. Bush im Zusammenhang mit dem Nahen Osten verwendet – meine

Zweifel. Hinter seinen schönen Reden über den Wunsch, den Menschen dort Freiheit und Demokratie zu schenken, stecken so viele Lügen, so viele niedere politische und wirtschaftliche Interessen, so viel Blut unschuldiger Zivilisten ist vergossen worden, dass man leider sagen muss: Die Geschichte wiederholt sich.

Musste man auf die schreckliche Provokation der Terroristen von Al Qaida mit einem neuen Kreuzzug reagieren? Kann man das Böse mit dem Bösen besiegen? Ich befürchte, dass all dies die Welt in einen neuen Krieg zwischen der christlichen und der muslimischen Zivilisation hineinziehen wird – und genau das ist es, was Bin Laden erreichen wollte. Mit mehr Weisheit und Besonnenheit hätte man diesen Konflikt völlig vermeiden können.

Epilog: Brief an Gott

Vater,

ich liebe dich mehr als alles andere.
Vor allem, weil du derjenige bist, der sagen kann,
ICH BIN. Das habe ich mit 16 oder 17 Jahren herausgefunden, und es hat dazu geführt, dass ich mit 93 Jahren immer noch davon zehre.

Ich liebe dich mehr als alles andere. Denn:
– dem Menschen, der während seiner gesamten Evolution so tut, als sei er unabhängig, schenkst du Jesus, das Wort, um zu zeigen, dass der Mensch sich nicht selbst genügen kann;

– obwohl wir versuchen, unseren Wunsch nach Zeichen zu unterdrücken, schenkst du uns das Unsagbare, das stärker ist als der Zweifel – in der Hostie der Eucharistie;
– eine erstickende Atmosphäre erfüllst du durch den Atem, *Spiritus* des Heiligen Geistes, der aus der liebenden Verbindung des Vaters und des Wortes hervorgeht und in dem wir uns baden.

Ja, du bist meine Liebe.

Ich ertrage es nur aufgrund der folgenden inneren Gewissheit, so lange zu leben: Ob man es glaubt oder nicht, sterben heißt begegnen!

Ich liebe dich mehr als alles andere.

So ist es, aber ... damit ich glaubwürdig sein kann, müssen alle Menschen in meinem Umfeld wissen, dass ich das Fortbestehen des Bösen nicht akzeptiere und niemals akzeptieren werde.

Du bist Herr über das Fortbestehen und das Ende aller Dinge, die existieren.

Wie soll ich nur verstehen, dass das Böse fortbesteht, wo du doch die Macht hast, alles vergehen zu lassen? Gipfelt das Gebet Jesu nicht in den Worten: »Erlöse uns von dem Bösen«?

Vater, ich danke dir für deinen Beistand bei meiner Weigerung, auf eine Weise zu »glauben«, als sei mir das Fortbestehen des Bösen egal, ob in dieser Welt oder im Jenseits – denn es wäre unaufrichtig.

Ich glaube und liebe und kann nicht anders, als »trotzdem zu glauben«, wenngleich ich manches nicht verstehen kann.

Zu viele meiner Menschenbrüder schaffen es nicht, dich wirklich zu lieben, da sie sich aufgrund ihrer Einwände, dieses »Trotzdems« abwenden. Gnade sei mit ihnen, Gnade sei mit dem Universum.

Vater, ich warte bereits so lange darauf, in deiner vollkommenen Präsenz zu leben, die – das habe ich trotz allem nie bezweifelt – LIEBE ist.

4. Oktober 2005
Am Gedenktag des heiligen Franz von Assisi
Deo Gratias!
Abbé Pierre